Ursula Grundmann

Böse Gedichte,
kleine Gemeinheiten,
Sinn und Unsinn,
Gereimtes und Ungereimtes,
Liebe, Schmerz
und Vergänglichkeit.

Bibliografische Information der Deutschen Nationalbibliothek:
Die Deutsche Nationalbibliothek verzeichnet diese Publikation in der Deutschen National-bibliografie; detaillierte bibliografische Daten sind im Internet über www.dnb.de abrufbar.

© 2016 UrsulaGrundmann Uski www.uski-art.de
„Herstellung und Verlag:
BoD – Books on Demand, Norderstedt".
Cover, Satz und Illustrationen: Ursula Grundmann
ISBN: 9783739249636

Inhalt	Böse Gedichte	Seite
	Ostereier	9
	Der kranke Mann	10
	Liebe	11
	Mein Mann	13
	Mode	15
	Macho	19
	Heiratsschwindler	21
	Der Architekt	24
	Die Bauherren	26
	Das Navi	29
	Der hässliche Zwerg	30
	Vergebung	31
	Taubenkot	32
	Im Park	34
	Wahrheit	36
	Gerd und der Gaul	38
	Am Abgrund	39

Liebe und Verlust, Herzschmerz

Du bist…	40
Gedicht für IHN	41
Zweites Gedicht für IHN/Du	42
Liebe 1/Liebe 2	43
Ich erwache/Herz am seidnen Faden	44
Liebe 3/Vermisse dich	45

Stimmung und Träume, Sinn und Unsinn

Das Meer/Träume	46
Sommerweh	47
Herbstschmerz	48
Au Backe/Ein Tropfen	49
Apfeltraum/In meinem Ohr	50
Das Gedicht/Jetzt/Soeben	51
Zeit/Zeit 2/Ich warte	52

Ostereier

Ostern kommt, Marie färbt Eier
und denkt versonnen an Herrn Meier.
Dann bläst sie noch ein Dutzend aus -
wie frisch verliebt denkt sie an Klaus.
Dann, beim Bemalen wird sie heiter,
schön war's doch auch mit Hannes Reiter!

Sie stürzt davon, will Nachschub holen,
am schönsten tat' sie's mit dem Polen -
sie wickelt um die Eier Gras,
im Gras, mit Pit, das war ein Spaß!
Sie kocht die Eier und muss lachen,
mein Gott, was machten sie für Sachen!

Das ist nun siebzig Jahre her,
ach, wenn doch öfter Ostern wär!

Der kranke Mann

Mein Mann ist krank und liegt im Bett.
Das find' ich aber gar nicht nett.
Will dies und später will er das,
mir macht das alles keinen Spaß.

Ich tue alles, was ich kann,
er ist ja doch mein lieber Mann.
Renn' hin und her, renn' rein und raus,
doch dann muss er ins Krankenhaus.

Da liegt er nun und wird gepflegt,
kurz, wird gepäppelt und gehegt,
bekommt Tabletten und auch Spritzen,
und ich komm' nicht mehr so ins Schwitzen.

Nur für mich muss ich nicht kochen,
das sind entspannte, schöne Wochen.
Er ist nicht nah und auch nicht fern,
das hab' ich eine Zeitlang gern.

Liebe

Er liebt sie sehr,
sie liebt ihn nicht.
Das sagt sie ihm
nicht ins Gesicht.

Er ist neunzig,
sie ist zwanzig,
sie ist frisch
und er ist ranzig.

Er ist reich
und sie ist arm,
sie ist weich,
er krank am Darm.

Im Standesamt
da haucht sie: Ja,
er haucht es auch,
sie sind ein Paar.

Er sagt: pfleg' mich,
sie sagt: nein!
Will keine
Krankenschwester sein.

Er wird gesund
und sie wird rund,
kriegt 'nen Infarkt
und er erstarkt.

Nun pflegt er sie,
wird hundertzwanzig,
sie stirbt vor ihm,
verwelkt und ranzig.

Mein Mann

Er ist sehr klein,
sie ist sehr groß
und nimmt ihn gern
auf ihren Schoß.

Sie kneift und zwickt ihn,
wo sie kann,
besitzt ihn doch,
den Ehemann.

Und wird er frech,
will mal was wagen,
legt sie ihn in den Kinderwagen.
Sie wickelt ihn und schnallt ihn an,
dass er sich nicht mehr rühren kann.

Dann winselt er
und will da raus.
Sie stellt sich hin
und lacht ihn aus.

Nur, wenn er sagt,
mein liebster Schatz,
ich nehm' auf deinem Schoße Platz,
dann wird sie weich
und macht ihn los
und nimmt ihn wieder
auf den Schoß.

Und so geht's wieder
auf und nieder
besinnungslos
von vorne los.

Mode

Sie kauft ein, er muss es tragen,
und er soll es bloß nicht wagen,
zu fordern, was ER anziehen will.
Sie herrscht ihn an: Sei endlich still.

Jetzt kommt ein Hemd, breit quergestreift,
dass er sich an die Stirne greift.
Sie sagt: Geschmack, den habe ich,
du kleidest dich sonst fürchterlich.

Er ist verzweifelt, alle lachen
schon über seine Anziehsachen.
Kommt er dann morgens ins Büro
wird er begrüßt: Haha, hoho!

Hat Mutti wieder eingekauft,
dass man sich die Haare rauft.
Das Hemd gestreift, dazu noch quer,
so sieht man deinen Bauch noch mehr,
die Farben grün und schwarz mit braun,
da hat sie sich total verhaun!
Die Hose bläulich und kariert,
du wirst ja förmlich vorgeführt!

Der Chef kommt und sagt unumwunden:
So gehen Sie nicht zu unseren Kunden!
Jetzt fahren Sie heim, mein lieber Mann,
und zieh'n sich was Gescheites an!

Oh, Mist, denkt er, was für ein Scheiß,
jetzt macht sie mir die Hölle heiß!
Ich muss was kaufen, was gefällt,
und hab' doch nur mein Taschengeld!

Er fragt sich, warum sie das macht,
mit dem Effekt, dass jeder lacht.
Liebt sie ihn sosehr nicht mehr?
Warum setzt er sich nicht zur Wehr?

So denkend eilt er nun nach Hause,
er hat gerade Mittagspause.
Das hat er ja noch nie gemacht,
er kam sonst immer erst zur Nacht.

Im Schrank, da hängen neue Sachen,
sehr schöne, er muss beinah' lachen.
Gehören einem anderen Mann,
wie er unschwer erkennen kann.

In dem Moment bemerkt er eben:
die Alte führt ein Doppelleben!
Sie macht ihn fertig, macht ihn klein,
will nicht mit ihm zusammen sein.

Er packt die Hosen und die Jacken,
macht daraus einen dicken Packen.
Ihre Kleider stopft er, zack,
in einen großen, blauen Sack.

Im Flur nimmt er aus ihrer Truhe
all' die schönen, teuren Schuhe.
Der Sperrmüll kommt, er stellt's hinaus,
geht runter und verlässt das Haus.

Nach dem Erlebnis mit dem Schrank
geht er jetzt erst einmal zur Bank.
Er macht ab heute klare Fronten
und sperrt der Frau sämtliche Konten.

Im Haus tauscht er die Schlösser aus
und geht dann ins Bekleidungshaus.
Er kauft sich das, was ihm gefällt,
er hat jetzt endlich wieder Geld.

Er geht zurück in sein Büro,
der Chef sagt: warum nicht gleich so?
Sie haben Ihren Stil gefunden
und geh'n jetzt gleich zum nächsten Kunden.

Der Chef dort ist 'ne Superfrau,
das sieht er gleich und ganz genau.
Sie sagt: Sie haben viel Geschmack,
das ist exakt das, was ich mag.

Ist es denn von mir vermessen,
zu fragen, ob Sie mit mir essen?
Gnädige Frau, oh nein,
es wird mir eine Ehre sein.

Liebe auf den ersten Blick -
gibt es das, was für ein Glück!
Ich sollte rote Rosen bringen,
denkt er, dann wird mir das gelingen.

Und dann, nach einem halben Jahr,
sind die zwei ein tolles Paar.
Sie geh'n fein aus, er geht auf's Klo,
die Klofrau schaut nicht grad' sehr froh.

Er gibt der Klofrau fünzig Cent
und merkt dann, dass er sie erkennt:
Die Ex-Frau ist's, es geht ihr schlecht,
er findet das auch nur gerecht.

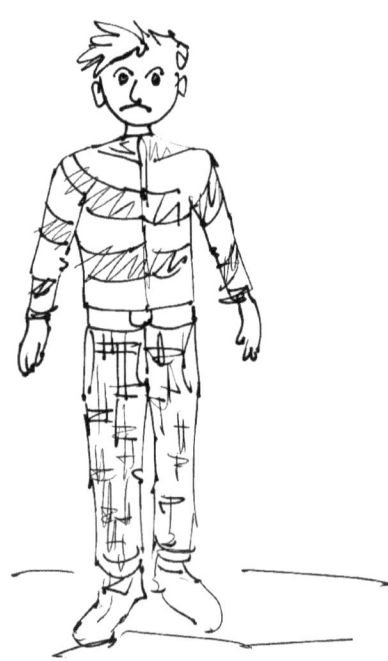

Macho

Ihr Mann, der schlägt sie gern und oft,
so manches Mal auch unverhofft.
Doch eines Tages wird er krank,
da holt sie Tropfen aus dem Schrank.

Sagt: nimm von diesen Tropfen zehn,
dann wird's dir schon bald besser geh'n.
Jetzt soll es sein, sie muss es wagen,
nicht länger will sie es ertragen.

Er liegt im Bett, es geht ihm schlecht
er ahnt nicht, dass sie sich gleich rächt.
Zwei Wochen Urlaub wollt' er machen,
das passt ja gut, jetzt muss sie lachen!

Zum Skifahr'n wollt' er, nach Wagrein -
wie jedes Jahr - nur er, allein.
Die Bahncard hat er schon gebucht,
sie weiß, dass niemand nach ihm sucht!

Zwei Wochen, das sind vierzehn Tage -
genug zum Töten dieser Plage.
Die Tropfen färben ihn ganz fleckig
und seine Frau, die lacht sich scheckig.

Wie er da liegt, ein einz'ger Jammer,
sie schleppt ihn in die Räucherkammer,
hängt ihn an einen Haken dran,
damit er auch schön trocknen kann.

Acht Tage bleibt er in dem Raum,
wird trocken und auch dunkelbraun.
Sie geht raus und voller Stolz
hackt sie eine Menge Holz.

Sie fühlt den Mann an, er ist trocken
und hackt ihn säuberlich in Brocken.
Im Ofen lodert hell das Feuer,
ihr Gatte ist ihr lieb und teuer.

Er brennt so gut, s'ist eine Wonne,
durch's Fenster scheint die Abendsonne.
Es ist so warm und hell im Raum -
ein zauberhafter Wintertraum.

Nach gut zwei Wochen ruft sie dann
besorgt in seiner Firma an:
Mein lieber Mann war in Wagrein
und ist noch immer nicht daheim!

Dort weiß auch niemand wo er ist,
sie haben ihn ja schon vermisst.
Zur Polizei geht sie gleich morgen,
sie mache sich so schrecklich Sorgen.

Die Zeit vergeht, und irgendwann
erklären sie für tot den Mann.
Er kam vom Urlaub nicht zurück -
für seine Frau - ein großes Glück!

Heiratsschwindler

Ein eleganter Mann mit Charme
sieht sehr gut aus, ist aber arm.
Er sucht nun eine schöne Frau,
reich soll sie sein, ja, ganz genau.

Er weiß, wohin es sie dann führt,
die Frauen, wenn gut situiert,
vom Einkauf bei Gaultier, Cartier,
am Opernplatz, in das Café.

Da sitzen sie mit ihren Taschen
er kommt hinzu, er trägt Gamaschen.
Auf alte Schule macht er gern
und gibt den wohlerzog'nen Herrn.

Er ordert einen Café crème
und macht sich's nur ganz leicht bequem.
Er sitzt nun mitten unter Damen,
die ihn mit Eleganz umrahmen.

Das Börsenblatt ist stets dabei,
darauf notiert er allerlei.
Streicht Aktienwerte an und liest
als ob er alle Zeit vergisst.

Noch ein paar Tage, ja, und schon
ist er eine Institution.
Die eine, die ihm gut gefällt,
richtige Dame, Frau von Welt,

kommt an seinem Tisch vorbei
und fragt ihn nett, doch frank und frei,
darf ich mich zu Ihnen setzen?
Ich tat mich heute zu sehr hetzen,

und ein Gespräch, mit Herrn von Welt,
wäre, was mir jetzt gefällt.
Schön, dass Sie sich zu mir gesellen,
was darf Ich Ihnen denn bestellen?

Oh, danke, einen Kir Royal,
der hilft mir jetzt, auf jeden Fall!
Das Paar versteht sich so rasant,
als sei es lange schon bekannt.

Sie treffen sich nun jeden Tag:
klar, dass sie IHN und er SIE mag.
Doch wann geht es zu ihr, zu ihm?
Die Sache zieht sich qualvoll hin.

Er wird allmählich knapp bei Kasse
und ihr wird mulmig mangels Masse.
Un ein Problem, das es noch gibt:
die Beiden sind jetzt schwer verliebt.

So geht es jedenfalls nicht weiter,
die Stimmung trübt sich, ist nicht heiter.
Sie reden um den heißen Brei
und kriegen so den Kopf nicht frei.

Beim Kassensturz muss er dann seh'n:
er kann nicht mehr ins Café gehn!
Sie hat kein Geld mehr auf der Bank
und stellt sich deshalb einfach krank.

Die Liebe, grade erst geboren,
die haben sie so schnell verloren.
Die Lüge hat das Band zerstört,
das sie von Anfang an betört.

Der Architekt

Es geschah in Griechenland,
wo es auch in der Zeitung stand,
ein Ehepaar, das wollte bauen
und plante das mit Gottvertrauen.

Wen nehmen wir als Architekt?
Dimitri scheint doch perfekt!
Gesagt, getan, sie rufen an,
bestellen sich den guten Mann.

Er ist auch pünktlich, das ist prima,
und schon sehr gut für's Arbeitsklima.
Ideen hat er, die sind gut,
den beiden wird's ganz wohlgemut.

Dort oben Holz, das Dach darüber,
und ein Kamin im Großkaliber.
Rundum noch eine Galerie,
ach wird das schön, so schön wie nie!

Das Haus, es wächst und mausert sich
die zwei freu'n sich ganz fürchterlich,
und dauert es auch etwas lang,
den beiden wird deshalb nicht bang.

Und endlich ist es dann soweit,
das neue Haus wird eingeweiht.
Da sich bereits der Herbst verkündet,
wird der Kamin gleich angezündet.

Die Flammen lodern warm und hell,
das Feuer tobt und brennt sehr schnell,
die Holzverkleidung drumherum
entzündet sich mit Zisch und Wumm.

Die Beiden sind total verdattert,
wie schnell es lodert, knallt und knattert,
sie schaut ihn, er schaut sie an,
raus, und zwar schnell, schreit nun der Mann.

Er packt sie hastig an der Hand
da wackelt schon die ganze Wand,
er zieht sie mit sich, nur schnell raus,
da bröckelt schon das ganze Haus.

Die Feuerwehr rast jetzt heran,
ob die noch etwas retten kann?
Sie löscht mit Wasser und mit Schaum,
aus ist der schöne Häusertraum.

Verschwunden war der Architekt,
nach Wochen wurde er entdeckt.
In einem angefangenen Haus,
da blies man ihm die Lichter aus.

Die Bauherren

Denkt ja nicht, dass ich das erdichte:
es ist leibhaftige Geschichte!

Ein Mann, der wünschte sich ein Haus
und sucht sich einen Bauherrn aus.
Der hat - damit es besser geht -
zwei Freunde in So-zi-e-tät.

Das Dreigestirn macht sich an's Werk
und richtet gleich das Augenmerk
auf den Verdienst, den sie erstreben.
Zuvor wird's keinen Handstreich geben.

Der Mann hat Geld, gar kein Problem,
zudem liebt er es auch bequem.
So sagt er: Leute, fangt mal an,
damit ich bald was sehen kann.

Er muss tief in die Tasche greifen,
denn das Projekt soll schnellstens reifen.
Für ein paar Wochen muss er fort,
verdient sein Geld mal hier, mal dort.

Die drei, sie kaufen billig ein
und denken: das merkt doch kein Schwein!
Sie haben aber nicht bedacht,
was dieser Mann beruflich macht.

Das Material, das er bestellt
kostet einen Haufen Geld.
Sie geben nur ein Zehntel aus
und bau'n damit sein ganzes Haus.

Er kommt zurück, geht durch das Haus
und schreit wild: wie sieht das denn aus!
In ihm reift rasend schnell das Wissen:
die drei, die haben ihn beschissen.

Er ruft sie an, da läuft ein Band:
"Die Nummer ist uns nicht bekannt".
Dann wird er ruhig, klar und kalt,
und denkt, da hilft nur noch Gewalt.

Wohin sie's auch verschlagen hat -
er sucht sie auf und macht sie platt.
Sein Vorgehen ist professionell
er findet sie auch ziemlich schnell.

Sie nehmen grad' den nächsten aus,
und machen ihm aus Schrott ein Haus.
Den Chef begrüßt er mit: Hey, Alter -
was du hier siehst, ist eine Walter.

Die anderen drehen die Köpfe um
da macht es auch schon knall und bumm.
Mit je einem gezielten Schuss
macht er mit diesem Trio Schluss.

So fand man sie am nächsten Morgen,
die Frauen machten sich doch Sorgen.
Und schnell wurde es offenbar,
dass das ein Profi-Killer war.

Das Navi

Ein Mann ging einsam durch den Wald.
Der Wald war groß und eisig kalt,
unheimlich, düster, es war nass
dem Manne macht das keinen Spaß.

Er war total desorientiert,
sein Navi hat ihn hergeführt.
Er horchte nur auf das Gerät,
inzwischen war es schon sehr spät.

Er fragte sich: wo führt das hin,
dass ich jetzt hier gelandet bin!
Ich finde das zwar recht beschissen,
das Navi aber wird's schon wissen.

Der Weg wird holpriger und schlimmer
durchs Unterholz scheint schwach ein Schimmer.
Wem folgt er: Navi oder Licht?
Herrjehminee - er weiß es nicht!

Sein Glaube an die Technik ist:
unfehlbar, so dass er vergisst,
wie früher einfach selbst zu denken,
so lässt er sich durch's Navi lenken.

Gefühl für Zeit und Raum entschwinden,
man sucht ihn schon - wird man ihn finden?
Das schwache Licht ist längst verschwunden -
ihn hat man leider nie gefunden.

Der hässliche Zwerg

Es lebte einst auf einem Berg
ein böser, grober blöder Zwerg.
Er war so hässlich, dumm und klein
und obendrein auch noch gemein.

So sprach er zu sich: nun wohlan,
wen mache ich mir untertan?
Er zog hinunter in ein Land,
das er dafür geeignet fand.

Die Zeiten waren grade schlecht
und das kam unsrem Zwerge recht.
Mit Lügen und mit Hassparolen
hat er den guten Geist gestohlen.

Er fand genug, die machten mit
die folgten ihm auf Schritt und Tritt.
Ein Feindbild wurde schnell errichtet
und mit System perfid' vernichtet.

Zum Schluss, da lag das Land in Trümmern,
ihn tat das freilich nicht mehr kümmern.
Wenn einer schreit mit Hassparolen:
dann soll ihn doch der Teufel holen.

Es gibt noch mehr von diesen Zwergen -
sie sitzen nicht nur in den Bergen.

Vergebung

Vergebung ist nicht meine Sache.
Ich will kalte, böse Rache.
Auch wenn Vergebung - wie ich las -
viel besser ist. Sag' ich: Ach was!

Statt abends stetig zu vergeben
trachte ich denen nach dem Leben
die mir das meine so vergällten,
indem sie mir den Weg verstellten.

Und in meiner Phantasie
gibt es keine Grenze - nie!
Vom Messer, das die Reifen schlitzt,
bis zu dem Blut, das es verspritzt

da kenn' ich wirklich keine Gnade,
imaginär hol' ich und lade
mir Dinge auf, die schrecklich wüten,
die Feinde sollten sich wohl hüten.

Denn ich bin friedlich, eigentlich!
Doch werde ich zum Wüterich,
wenn einer mir ans Leder will -
den mache ich ganz kalt und still.

Taubenkot

Zwei Frauen sehn gleich aus und schauen
sie schwatzen und sitzen und schwitzen
in ihren Ritzen bilden sich Pfützen,
die ihnen die Wäsche versauen.

Sie schnauben und klauben für Tauben
das Brot aus den Taschen,
das die dann vernaschen
wenn sie's vom Boden abstauben.

die haben doch 'ne Macke
was die da probieren
und noch kultivieren
in Taubenkacke.

Es wächst und stinkt der Taubenkot
das Brot scheint nie zu enden
wächst ihnen aus den Händen
der Himmel steht im Abendrot.

Die Nacht kommt, und dann: klar, der Morgen,
wo sind die beiden? Abgehauen?
Doch die nicht, nicht die Zwillingsfrauen,
die Nachbarn machen sich nun Sorgen.

Vorbei geht noch manch Abendrot
bei dem sie diese Frau'n vermissen.
Die Tauben haben sie zugeschissen
man fand sie tot im Taubenkot.

Im Park

Ein Mann sitzt da und rührt sich nicht -
ich blick ihm mitten ins Gesicht -
was hat er nur, er ist so blass
und untenrum ist alles nass!

Ein Zucken geht um seinen Mund,
das ganze scheint mir nicht gesund
betrachte ihn von beiden Seiten
wobei sich seine Augen weiten

der Blick erscheint wie eingefroren
dagegen glühen seine Ohren
auf jeden Fall wie tausend Watt -
wenn ich nur wüsste, was der hat?

Ich werde ihn jetzt einfach fragen
er wird es mir vielleicht ja sagen.
Auf einmal rasselt's im Gebüsch
und darauf folgt ein scharfes "Zisch"

Das Rasseln, Klappern macht mir bange
ist das denn eine Klapperschlange?
Ich bin sofort zu Stein erstarrt
hab' in der Stellung ausgeharrt,

die unbequem verbogen war
und eines wurde mir nun klar
Schon lange sah der Mann die Schlange
deshalb war ihm so angst und bange.

Mein Zeitgefühl ging mir verloren
ich sah nur immer seine Ohren
und hörte, wie die Schlange zischte
bis ich mir in die Hosen pischte.

Das war ihm vorher auch geschehen,
das Nasse hatte ich gesehen.
Ich blickte vorsichtig zur Seite
ob jemand käme, uns befreite.

Doch war es spät, der Park war leer,
da kommt womöglich keiner mehr.
Auf einmal ruft's: Komm her Papa!
Die Schlange, schau, da ist sie ja!

Da kommt ein Kind und packt voll Stolz
die Schlange, denn sie war aus Holz.
Bevor wir uns zurechtgefunden
war'n Sohn und Vater schon verschwunden.

Heut' denk ich mir: was für ein Quark,
so ein Getier in deutschem Park.

Wahrheit

Ich bin so vergnüglich und manchmal, da lüg ich
mit großem Vergnügen, nur so, um zu lügen
und ich müsste lügen, hätt' ich jetzt verschwiegen,
dass dabei sich manchmal die Balken verbiegen.

In meinem Gehirn entstehen so viele Wirren
aus Wolken wie Kumulus aber auch Zirren.
Daraus erwächst zwischendurch ein Gewitter
und das ist am Ende für mich dann auch bitter.

Um das ganze mal deutlich beim Namen zu nennen:
ich kann Lug und Wahrheit schon lang nicht mehr trennen.
Wer wirft denn den Stein in das Glashaus, den ersten,
und sieht nur beim andern die Scheiben, die bersten?

Ich kannte mal eine, die nannte sich Freundin
und redete unentwegt immer nur Unsinn.
So bin ich, und so, und so bin ich nicht,
das sagte sie mir doch glatt so ins Gesicht.

Je länger sie sprach, desto mehr wurd' ich wirre
verbog mein Gehirn bis zum Stadium der Irre,
denn ihre Worte, die hörte ich wohl
allerdings waren die vollkommen hohl.

Nicht nur Welten, nein Universen
lagen bei ihr zwischen Taten und Versen.
Sie hat von sich ein Bild erstellt,
vielleicht weil ihr das so gefällt.
Ich war verdutzt bis fasziniert,
was diese Frau mir vorgeführt,
mir beinah den Verstand geraubt,
weil sie das alles auch noch glaubt.

Um jetzt noch die Teile zusammenzufügen:
ab da beschloss ich, noch viel mehr zu lügen.
Denn alle erzählen von sich, wie sie sind.
Die Wahrheit aber, kennt wohl nur der Wind.

Wie oft hat man mich schon frech angelogen,
getäuscht, hintergangen und auch noch betrogen?
Die Wahrheit ist die: ein jeder hat seine
und so habe ich halt eben die meine.

Gerd und der Gaul

Ein Mann hat nen Gaul
und der Gaul der ist faul
der Mann, der heißt Gerd
und sieht aus wie ein Pferd.

Und dann fährt der Gerd
der aussieht wie'n Pferd
mit 'ner Fluppe im Maul
mit der Kutsche und Gaul.

Der Gaul ist ja faul
und haut Gerd eins auf's Maul
so dass der nicht mehr fährt
mit der Kutsche und Pferd.

Am Abgrund

Ich hing an einem steilen Hang,
mir wurde nicht nur angst, auch bang,
mein Arm tat weh und wurde lang
wie ich da hing an diesem Hang.

Und plötzlich doch, wie gut, ich finde
Luftwurzeln einer alten Linde
die packe ich nun ganz geschwinde
mit links und mache eine Binde.

Oh Gott, lass diese Wurzeln fest sein,
lass sie mich halten, bis vielleicht ein
Mensch kommt, groß oder auch klein,
der handelt, um mich zu befrei'n.

Mein Leben hängt an einem Baum,
unter mir liegt steiler Raum,
wäre das doch nur ein Traum -
ein Geräusch - ich glaub es kaum -

da kommt ein Mensch, er zieht mich rauf,
ich atme schon mal etwas auf.
Schon liege ich im Gras und schnauf
ein „Gott sei Dank" zu ihm hinauf.

Verlust und Liebe

Du bist...

Hier ist noch der Stollen,
mein Schatz,
von dem du gegessen hast,
als du noch Hunger hattest.
Du trinkst nicht mehr
du rauchst nicht mehr
du atmest und du redest nicht -
du bist nicht mehr.
Mein Herz ist schwer
ist schier zerrissen
mir geht's - was sonst -
nur noch beschissen

Gedicht für IHN

Du warst bei mir, bist wieder fort -
bist an einem anderen Ort.
Ich weiß, wohin du fahren willst,
damit du deine Sehnsucht stillst.

Der Orte waren heute drei.
Vielleicht fährst du daran vorbei,
weil dir gefällt, was du grad siehst
und morgen dann erst weiter ziehst.

Den halben Tag, und eine Nacht,
die hattest du mit mir verbracht.
Ich bin so glücklich, es war schön,
vielleicht werd' ich dich wiedersehn...

Zweites Gedicht für IHN

Wenn du kommst,
dann bist du da.
Nie weiß ich,
wann das ist.
Ich weiß nur,
es ist wunderbar,
wenn dein Mund
mich küsst.

Du

Manchmal bist du einfach da.
Und mir gehts gut.
Das Gefühl ist wieder da.
Geht mit dir fort.
Wie weh das tut.

Liebe 1

Ich liebte einmal einen Mann,
wie man den Mann nur lieben kann.
Da kam ein anderer daher,
den liebte ich dann noch viel mehr.

Ich dachte nun, so geht das weiter
und werde einfach nicht mehr heiter.
So suche ich - bislang vergebens -
die große Liebe meines Lebens.

Liebe 2

Ich liebe dich.
Du liebst mich nicht.
Das ist ein schönes
Gleichgewicht.

Ich erwache

Ich erwache.
Du bist da.
Ich liege in
deinem Arm.
Wie schön.
So lange nicht

Ich erwachte.

Herz am seidnen Faden

Der Stachel vergiftete mein Herz
das mir aus den Händen fiel
zerbrach
und am seidnen Faden hing
es pendelte kreischend
vor Schmerz
hin und her springend
wieder zurück
zum Glück.

Liebe 3

Ich lag bei dir.
Du liebtest mich.
ich sagte dir
ich liebe dich.

Du gingst dann fort,
ich blieb zurück;
sagtest kein Wort.
Ich werd' verrückt.

Vermisse dich

Ich stehe hier
und denk an dich
du bist nicht da
ich fürchte mich
wir können schön,
und das ist eigen-
zusammen geh'n
und dabei schweigen.

Das gilt ganz sicher
nicht für jeden
die müssen geh'n
und dabei reden.

Stimmung und Träume

Das Meer

Ich sitze hier
und schau aufs Meer -
das Wasser rauscht.
Was will man mehr?

Träume

Das Leben neigt sich, du denkst nach:
was wollt' ich alles wissen?
Es hilft dir nicht, das Weh und Ach,
du wirst es lernen müssen,
wenn du es nicht soeben weißt:
die Träume sind der größte Scheiß.

Da schallt es aus dem Abendrot:
wer nicht mehr träumt, der ist schon tot.

Sommerweh

Das war der Sommer
leise geht er
und ein kalter Hauch,
der von Norden weht,
zeigt, der Herbst kommt.
Dieses Wetter rupft vom
Baum die gelben Blätter.

Und die roten
zieht er auch
ab von unsrem Brombeerstrauch
der noch Früchte hat
die sind schwarz
manche grün.

Du kannst sehn
wie der Wind alles biegt
wie sich der Halm
im Sturme wiegt.

Dunkler wird's
nass und kalt
das Jahr geht fort
es geht zu Ende
wir warten auf
die Winterwende.

Dann geht es
auch schon wieder schneller
mit jedem Tag
wird's etwas heller.
Das neue Jahr kommt
frisch und jung
und - schwupps -
ist's auch schon wieder rum.

Herbstschmerz

So mancher denkt
wie ist das schön
im Herbst kann ich
die Farben sehn
in gelb und braun
auch grün und rot
doch nach dem Herbst
ist alles tot.

Au Backe

Oh, wie ich sie fühle -
besänftigende Kühle
an meiner dicken Backe
durch Backenzahnes Zacke.

Die Backe schwillt, es rinnt das Blut
und das bekommt mir gar nicht gut.
Der Schmerz, er wächst, wird groß und fies
jetzt geht es mir erst richtig mies.

Der Zahnarzt zieht den Zahn heraus
er ist nicht grad' ein Augenschmaus.
Die Lücke jetzt in meinem Gaumen,
die ist fast größer als mein Daumen.

Erfüllt ist jedenfalls der Zweck:
der Zahn ist raus - der Schmerz ist weg.

Ein Tropfen

Ein Tropfen schwillt
und schwallt herab
fällt tief hinein
ins nasse Grab
der nächste bildet
sich sogleich
und es entsteht
ein kleiner Teich.

Apfeltraum

Der rote Apfel
fiel vom Baum
er fiel genau
in meinen Traum
mit einem lauten Krach
schlug er mich wach
weh tat es auch
er fiel genau
auf meinen Bauch.

In meinem Ohr

In meinem Ohr
sitzt ein Gedicht.
Komm' doch hervor -
ziere dich nicht-
breite dich aus
lege dich hin
mähre dich aus
im besten Sinn,
sprühe mit Charme
und punkte mit Witz,
dann wird mir warm,
da wo ich sitz,
bring' mich zum Lachen,
sag's mit Humor,
lasse es krachen
in meinem Ohr.

Das Gedicht

Das Gedicht
kommt
ist da
war
schon immer.

Jetzt

Gestern war es noch
jetzt
heute ist es
jetzt
gleich vorbei
jetzt

Soeben

soeben
vorbei
soeben

Zeit

Zeit geht
nein - steht
ICH gehe
durch
die Zeit

Zeit 2

Höchstes gut.
Kostbar, knapp.
Einmalig.
Unwiderruflich.
Nicht umkehrbar.
Dennoch widmet sich
mancher
dem Zeitvertreib.

Ich warte

Ich warte.
Mein Leben
wartet
nicht.